LES DROITS ÉLECTORAUX

DES MUTUALISTES

PAR

C. CORNETTE,

Commis-Greffier du Tribunal de 1re Instance d'Alais,
Officier d'Académie.

ALAIS
—
IMPRIMERIE L. BRUSSET-BLANC, GRAND'RUE, 72
—
1903

OFFERT GRATUITEMENT

AUX

Sociétés de Secours Mutuels

LES CAISSES
DE SECOURS MUTUELS

Les droits Électoraux Mutualistes

Un décret du 14 avril 1902 a modifié deux articles des décrets des 2 mai et 13 juin 1889, relatifs à la loi du 1er avril 1898 sur les Caisses de Secours mutuels.

J'indiquerai sommairement, avant de parler des formalités exigées par les décrets précités, les grandes lignes de la nouvelle loi.

La loi de 1898 a conféré aux sociétés mutuelles libres la légalité qui leur manquait antérieurement et elle leur a donné leur autonomie.

Les entraves administratives qui gênaient la gestion de ces Sociétés ont disparu. L'approbation est obligatoire pour l'autorité administrative lorsque les conditions voulues par la loi sont réalisées.

Aussi bien pour la constitution que pour la dissolution, l'arbitraire administratif, qui pouvait exister précédemment, ne peut plus prendre naissance.

L'autorité judiciaire est seule compétente pour connaître de la dissolution. On concède aux Sociétés, sous certaines restrictions, la personnalité civile.

Le cadre en est élargi en ce qui concerne les retraites. L'assurance contre le chômage peut être contractée. Les femmes peuvent faire partie d'associations de cette nature et elles n'ont besoin de l'autorisation de leur mari que tout autant qu'elles sont chargées de l'administration.

L'intérêt servi par l'Etat est très avantageux. En outre, la loi crée un Conseil supérieur chargé de la surveillance des Sociétés et de proposer les modifications et améliorations que la pratique suggèrera.

Déposée pour la première fois le 19 novembre 1881 par M. Hippolyte Maze, la loi a subi de nombreuses transformations avant d'être votée. Le ministre de l'Intérieur M. René Goblet, la produisait remaniée à la Chambre des Députés le 18 mars 1882, laquelle votait un texte nouveau le 12 novembre 1883. Le projet transmis au Sénat était adopté par cette assemblée le 24 juin 1886 et deux délibérations de la Chambre sur le rapport de M. Audiffred acceptaient une seconde fois ce projet. Cependant la législature ayant pris fin avant l'adoption définitive, M. Audiffret fit un nouveau dépôt des textes nouveaux le 2 décembre 1893. Cette proposition donna lieu à des protestations de la part de ceux qui s'occupaient spécialement de mutualité, et, les observations des mutualistes motivèrent la loi définitivement votée le 22 mars 1898. La discussion avait duré 17 ans, mais on peut bien lui pardonner cette lenteur puisque la loi est empreinte d'un très grand libéralisme et tend à une sage protection de l'épargne.

Son esprit libéral se manifeste dans le rapport de M. Lourtiès (1) dans lequel ce sénateur dit :

« Ce serait un anachronisme et une injustice à la fois que de laisser plus longtemps les Sociétés de secours mutuels dans le régime d'une tutelle étroite que rien ne justifie depuis longtemps.

« La codification nouvelle est em-

____

(1) 23 décembre 1897. Annexe n° 100. Journal Officiel du 20 février 1898, page 813.

preinte d'un sage esprit de libéralisme. Elle aura pour effet d'aider puissamment la mutualité à prendre, à bref délai, un nouvel et rapide essor, de restreindre de jour en jour le domaine de l'assistance publique en substituant à l'aumône qui humilie celui qui la reçoit, la prévoyance qui sauvegarde la dignité humaine et relève à ses propres yeux celui qui a la sage inspiration d'y recourir. Enfin, elle aura pour effet certain de créer par l'épargne, à long terme, une nouvelle classe de petits capitalistes et d'élargir ainsi les bases de la paix sociale. »

Cette loi créé aussi un Conseil supérieur où sont réunis divers éléments techniques, pratiques et politiques. En effet, le Conseil se composait de techniciens qui sont pris parmi les plus aptes à remplir les fonctions; les sociétés prennent les praticiens et diverses institutions politiques fournissent un membre à ce conseil.

Je ne veux ici examiner que lapartie de cette loi concernant les élections auxquelles participent les mutualistes.

LÉGISLATION

Les articles 3 § 5; 5 § 3, 6, 34 et

35 qu'il s'agit d'étudier sont ainsi conçus :

Art. 3, § 5. — Les membres du conseil d'administration et du bureau des sociétés de secours mutuels seront nommés par le vote au bulletin secret.

Les administrateurs et directeurs ne pourront être choisis que parmi les membres participants et honoraires de la société.

Art. 5, § 3. — Les statuts déterminent la composition du bureau et du conseil d'administration, le mode d'élection de leurs membres, la nature et la durée de leurs pouvoirs, les conditions du vote à l'assemblée générale et du droit pour les sociétaires de s'y faire représenter.

Art. 6 — Lorsque l'assemblée générale sera convoquée, les pouvoirs dont les sociétaires seront porteurs, si les statuts autorisent le vote par procuration, pourront être donnés sous seing privé et seront affranchis de tous droits de timbre et d'enregistrement, ils seront déposés au siège social.

Les contestations sur la validité des opérations électorales seront portées dans le délai de 15 jours à dater de l'élection devant le Juge de Paix du siège de la société. Elles sont introduites par simple déclaration au greffe.

Le Juge de Paix statue, dans les 15 jours de cette déclaration, sans frais ni forme de procédure et sur simple avertissement donné 3 jours à l'avance à toutes les parties intéressées.

La décision du Juge de Paix est, en dernier ressort, mais elle peut être déférée à la cour de cassation. Le pourvoi n'est recevable que s'il est formé dans les 10 jours de la notification de la décision. Il est formé par simple requête déposée au greffe de la Justice de Paix et dénoncée aux défenseurs dans les 10 jours qui suivent. Il est dispensé du ministère d'un avocat à la Cour et jugé d'urgence sans frais ni amende. Les pièces et mémoires fournis par les parties sont transmis sans frais par le greffier de la Justice de Paix au greffier de la Cour de Cassation. La chambre civile de cette Cour statue directement sur le pourvoi.

Tous les actes sont dispensés du timbre et enregistrés gratis.

Article 34. — Il est institué près le ministère de l'Intérieur un Conseil supérieur des Sociétés de Secours mutuels. Ce Conseil est composé de 36 membres, savoir :

Deux sénateurs élus par leurs collègues.

Deux députés élus par leurs collègues.

Deux conseillers d'Etat élus par leurs collègues.

Un délégué du ministre de l'Intérieur.

Un délégué du ministre de l'Agriculture.

Un délégué du ministre du Commerce.

Un membre de l'Académie des sciences morales et politiques désigné par l'Académie.

Un membre du conseil supérieur du travail nommé par ses collègues.

Deux membres agrégés de l'institut des actuaires français, désignés par le Ministre de l'intérieur.

Le Directeur général de la comptabilité au ministère des finances.

Le Directeur du mouvement général des fonds au même ministère.

Le Directeur général de la caisse des dépôts et consignations.

Un membre de l'Académie de médecine désigné par l'Académie et un représentant des syndicats médicaux élu par les délégués de ces syndicats dans les formes qui seront déterminées par un règlement d'administration publique.

Dix-huit représentants des sociétés de Secours mutuels, dont six appartenant aux Sociétés libres, élus par les délégués des Sociétés dans les formes qui seront déterminées par un règlement d'administration publique.

Chaque réprésentant des Sociétés approuvée sera élu par un collège comprenant un certain nombre de départements.

Cette division sera faite par le règlement d'administration publique à intervenir, de telle sorte que chaque collège comprenne un nombre à peu près égal de mutualistes.

Tous les membres sont nommés pour quatre ans, leurs pouvoirs sont renouvelables; leurs fonctions sont gratuites.

Le ministre de l'Intérieur est président de droit du Conseil supérieur des sociétés de Secours mutuels.

Le Conseil choisit parmi ses membres ses deux vice-présidents et son secrétaire. Il est convoqué par le ministre compétent au moins une fois tous les six mois et toutes les fois que cela lui paraîtra nécessaire.

Il reçoit communication des états statistiques et des comptes-rendus de la situation financière fournis par les Sociétés de secours mutuels ainsi que les inventaires au moins quinquennaux et des autres documents fournis par les Sociétés de Secours mutuels en exécution des articles 8, 23 et 29 ci-dessus.

Il donne son avis sur toutes les dispositions règlementaires ou autres qui concernent le fonctionnement des Sociétés de Secours mutuels et notammant sur le mode de répartition des subventions et secours qui seront attribués sur les mêmes bases et dans les mêmes proportions pour les retraites constituées soit à l'aide du fonds commun, soit à l'aide de livrets individuels.

Art. 35. — Sept membres nommés par le Ministre, dont quatre pris parmi ceux qui procèdent de l'élection, constituent une section permanente.

La section permanente a pour fonction de donner son avis sur toutes les question qui lui sont renvoyées soit par le Conseil supérieur, soit par le Ministre.

Le Ministre de l'Intérieur soumet chaque année au Président de la République, un rapport qui est présenté au Sénat et à la Chambre des députés, sur les opérations des Sociétés de Secours mutuels et sur lestravaux du Conseil supérieur.

Élections au Conseil Supérieur

Nous nous occuperons d'abord des élections au Conseil supérieur.

Ainsi que nous l'avons vu, les membres de ce conseil peuvent être choisis dans les deux sexes et sont nommés pour 4 ans avec faculté pour les électeurs de renouveler le mandat de leurs élus qui doivent être âgés de 30 ans au moins, jouir de leurs droits civils et civiques et être de nationalité française.

Pour être élu il faut aussi avoir été membre du conseil d'administration d'une Société de Secours Mutuels pendant cinq ans au moins.

Le Préfet fait connaître au Président de la Société la date de l'élection et le nombre des délégués à choisir par la Société. Cette liste est envoyé par le président au Maire de la commune où siège la Société. Le Maire arrête la liste et la transmet au Préfet et en même temps il affiche copie de cette liste à la Mairie.

Au jour fixé pour l'élection au Conseil supérieur, le délégué remet au Maire son bulletin de vote dans une enveloppe cachetée et le magistrat municipal place ce pli dans une deuxième enveloppe sur laquelle il inscrit le titre de la Société à laquelle appartient l'électeur et le nom de cet électeur. L'un et l'autre paraphent cette enveloppe qui est transmise, par les soins du Maire, à la préfecture.

Cinq jours après le vote le dépouillement se fait au chef-lieu du département, ainsi qu'il est dit à l'article 9 du décret.

L'article 12 réserve à l'électeur le droit d'attaquer les élections devant le Ministre de l'Intérieur, dans un délai de 10 jours, à partir de la publication du résultat au journal officiel.

A partir de la notification de la décision du Ministre l'électeur a 15 jours pour se pourvoir au Conseil d'Etat.

Les notifications se font par voie administrative.

Le pourvoi est dispensé du Ministère d'avocat.

Le décret ci-dessous indique la division des collèges électoraux et la procédure comme suit :

DÉCRET

Portant règlement d'administration publique sur l'élection des représentants des Sociétés de Secours mutuels au Conseil supérieur institué par la loi du 1er Avril 1898. (2 mai 1899).

ARTICLE 1er. — Les représentants du Conseil supérieur des Sociétés de Secours mutuels doivent être Français, âgés de trente ans au moins, non déchus de leurs droits civils et civiques; les femmes mariées doivent être pourvues des autorisation de droit commun. Ils doivent, en outre, avoir été, pendant cinq ans au moins, membres du Conseil d'administration d'une Société de Secours mutuels.

ART. 2. — Les collèges appelés à élire les douze représentants des Sociétés approuvées sont constitués ainsi qu'il suit :

1er *collège*.

Seine, Paris: Sociétés municipales, sociétés inscrites à l'exception de la «France provoyante» jusques et y compris les sociétés dont les dénominations commencent par la lettre L au tableau alphabétique annexé au rapport annuel prévu par l'article 35 de la loi susvisée du 1er avril 1898.

2e *collège*

Seine, Paris : Sociétés inscrites audit tableau à partir de la lettre M.

3e *collège*

Seine. Paris : Société dite « la France prévoyante » : communes suburbaines, Seine-et-Oise.

4e *collège*

Aisne, Ardennes, Nord, Pas-de-Calais.

5e *collège*

Aube, Belfort (territoire de), Côte-

. d'Or, Doubs, Marne, Haute-Marne, Meur-
the-et-Moselle, Meuse, Haute-Saône, Saône-et-Loire, Seine-et-Marne, Vosges.

6e *collège*

Ain, Isère, Jura, Rhône, Savoie, Haute-Savoie.

7e *collège*

Basses-Alpes, Hautes-Alpes, Alpes-Ma,
ritimes, Ardèche, Bouches-du-Rhône-
Drôme, Var, Vaucluse, Corse, Alger.
Constantine, Oran.

8e *collège*

Allier, Cantal, Cher, Corrèze, Creuse,
Indre, Loir-et-Cher, Loire, Haute-Loire,
Loiret, Nièvre, Puy-de-Dôme, Vienne,
Haute-Vienne, Yonne.

9e *collège*

Ariège, Aude, Aveyron, Gard, Haute-
Garonne, Gers, Hérault, Lot, Lozère,
Hautes-Pyrénées, Pyrénées - Orientales,
Tarn, Tarn-et-Garonne.

10e *collège*

Charente, Charente-Inférieure, Dordogne, Gironde, Landes, Lot-et-Garonne,
Basses-Pyrénées.

11e *collège*

Côtes-du-Nord, Finistère, Ille-et-Vilai-
ne, Indre-et-Loire, Loire-Inférieure. Maine-et-Loire, Mayenne, Morbihan, Sarthe,
Deux-Sèvres, Vendée.

12e *collège*

Calvados, Eure, Eure-et-Loir. Manche,
Oise, Orne, Seine-Inférieure, Somme.

ARTICLE 3. — Les Collèges appelés à

élire les six représentants des Sociétés
libres sont constitués comme suit:

1er *collège*

Seine, Paris: Sociétés inscrites au tableau alphabétique ci-dessus mentionné
jusques et y compris les sociétés dont
les dénominations commencent à la lettre R.

2e *collège*.

Seine, Paris: Sociétés inscrites au tableau alphabétique à partir de lettre S.
Seine, communes suburbaines.
Aisne, Nord, Oise, Pas-de-Calais, Seine-et-Oise, Somme.

3e *collège*

Ain, Allier, Ardennes, Aube, Belfort
(territoire de), Cher, Côte-d'Or, Creuse,
Doubs, Eure-et-Loir, Haute-Marne, Hau-
te-Saône, Indre, Indre-et-Loire, Jura,
Loire, Loiret, Loir-et-Cher, Marne, Meur-
the-et-Moselle, Meuse, Nièvre, Puy-de-
Dôme, Saône-et-Loire, Seine-et-Marne,
Yonne.

4e *collège*

Alpes-Maritimes, Ardèche, Basses-Alpes, Drôme, Haute-Loire, Hautes-Alpes,
Haute-Savoie, Isère, Rhône, Savoie.

5e *colège*

Calvados, Charente, Charente-Inférieure, Corrèze, Côtes-du-Nord, Deux-Sèvres,
Dordogne, Eure, Finistère, Gironde, Haute-Vienne, Ille-et-Vilaire, Loire-Inférieure, Lot-et-Garonne, Maine-et-Loire, Manche, Mayenne, Morbihan, Orne, Sarthe,
Seine-Inférieure, Vienne, Vendée.

6ᵉ *collège*

Alger, Ariège, Aude, Aveyron, Basses-Pyrénées, Bouches - du - Rhône, Cantal, Constantine, Corse, Gard, Gers, Haute-Garonne, Hautes-Pyrénées, Hérault, Landes, Lot. Lozère, Oran, Pyrénées-Orientales, Tarn, Tarn-et-Garonne, Var, Vaucluse.

4. Le nombre des délégués membres du collège électoral est calculé sur le chiffre total des membres honoraires et participants des sociétés et daus les proportions suivantes : Jusqu'à 100 membres, un délégué; — De 101 à 300 membres, deux délégués ; — De 301 à 600 membres, trois délégués; — De 601 à 1000 membres, quatre délégués;— De 1001 à 2000 membres, cinq délégués;— Au dessus de 2000 membres, le nombre de cinq délégués est augmenté d'un délégué par 2000 membres. — Le nombre des délégués déterminé conformément aux bases ci-dessus indiquées est arrêté par le préfet, chaque année, avant le 15 décembre, d'après les renseignements statistiques envoyés par les sociétés avant le 1ᵉʳ juillet. Les sociétés qui ne fournissent pas ces renseignements avant cette date perdent le droit d'avoir des délégués.

5. Les délégués sont désignés par le conseil d'administration de la société. — Ils doivent être Français, majeurs, non déchus de leurs droits civils et civiques: les femmes mariées doivent être pourvues des autorisations de droit commun.

6. Lorsqu'il y a lieu de procéder à l'é-

lection du représentant au conseil supérieur, le ministre de l'intérieur fixe le jour, l'heure et la durée des opérations électorales par un arrêté inséré au *Journal officiel*. Le jour fixé doit toujours être un dimanche. Les élections des représentants des sociétés approuvées et des sociétés libres ne peuvent avoir lieu le même jour, dans un même département.

7. A la suite de la publication du dit arrêté, les présidents des Sociétés appeles à choisir leurs délégués sont invités par le préfet à faire procéder à cette désignation par leur conseils d'administration dans un délai maximum de dix jours. Les noms des délégués sont envoyés au maire de la commune où siègent les sociétés qu'ils représentent. Le maire en arrête et en transmet la liste au préfet. — Cette liste est affichée à la mairie. La désignation des délégués peut être attaquée dans un délai de cinq jours devant le juge de paix, soit par les membres de la société, soit par le maire, dans la forme et les conditions prévues à l'article 6 de la loi du 1er avril 1898.

8. Au jour fixé pour l'élection du représentant au conseil supérieur, chaque délégué remet au maire son bulletin de vote dans une enveloppe cachetée qui est, par les soins du maire, renfermée dans une deuxième enveloppe portant en suscription le titre de la société et le nom de l'électeur et paraphée par le maire et par l'électeur. Ces enveloppes sont adressées au préfet. A Paris, les bulletins de vote sont remis au préfet de la Seine.

9. Le dépouillement du scrutin est effectué, cinq jours après le vote, au chef-lieu du département, au lieu et à l'heure que fixe le préfet et par les soins d'une commission composée des trois plus âgés et des trois plus jeunes délégués présents, sous la présidence d'un représentant du préfet. En cas d'insuffisance du nombre des délégués présents, il y est suppléé par des membres des sociétés de secours mutuels désignés par le préfet.

10. Les résultats partiels des élections sont adressés dans les vingt-quatre heures, avec les bulletins contestés, par les soins du préfet, au ministère de l'intérieur, où le relevé des votes est fait par une commission composée de dix présidents de société de secours mutuels désignés par le ministre de l'intérieur et présidée par un représentant du ministre. Les résultats des élections sont insérées au *Journal officiel.*

11. L'élection des représentants au conseil supérieur a lieu à la majorité absolue des suffrages exprimés. Dans le cas où aucun candidat n'obtiendrait la majorité absolue, il est procédé, quinze jours après, à un deuxième tour de scrunit. Cette fois, l'élection a lieu à la majorité relative.

12. Les élections au conseil supérieur peuvent être attaquées par tout électeur devant le ministre de l'intérieur dans un délai de dix jours à partir de la publication des résultats de l'élection au *Journal officiel.* La décision du ministre ne peut être attaquée devant le conseil d'E-

tat que dans un délai de quinze jours à partir de la notification. Faute par le ministre d'avoir statué dans le délai d'un mois, la réclamation est considérée comme rejetée et peut être portée devant le conseil d'Etat statuant au contentieux. Le recours est dispensé du ministère d'avocat.

13. Dans le cas où l'un des représentants des sociétés cesse, pour une cause quelconque, de faire partie du sonseil supérieur avant l'expiration de son mandat, il est procédé à son remplacement dans un délai maximum de deux mois.

DÉCRET du 14 Avril 1902

Article 1er. — L'article 2 du 'décret du 2 mai 1899 est modifié ainsi qu'il suit : (1)

Article 2. — Lélection des représentants au Conseil supérieur a lieu à la majorité des suffrages exprimés. Dans le cas où aucun candidat n'obtiendrait la majorité absolue, il est procédé, 3 semaines après, à un second tour de scrutin. Cette fois l'élection a lieu à la majorité relative

---

(1) Le Journal Officiel contient certainement une erreur d'impression: ce n'est pas l'article 2 qui est modifié, mais bien l'article 11 du décret du 2 mai 1899

LES ÉLECTIONS
du Bureau et du Conseil d'administration

La composition du bureau et du Conseil d'administration étant réglée par les statuts sociaux, il y a néanmoins possibilité pour les sociétaires d'attaquer l'élection.

Une innovation qui existe dans la loi de 1898 est celle du vote par procuration.

Lorsque les statuts le permettent, tout sociétaire peut charger un tiers de voter pour lui et il lui donne à cet effet une procuration qui est affranchie des droits de timbre et d'enregistrement.

Ce pouvoir peut être rédigé sous seing privé comme suit :

« Je soussigné (nom, prénoms, profession et domicile), donne pouvoir à M. (nom, prénoms, profession et domicile), de pour moi et mon nom, prendre part au scrutin de (jour, heure et lieu) pour l'élection de
à l'assemblée générale du dit jour.

« L'autorisant à voter pour moi en conformité des articles   des statuts sociaux, 5 § 3, de la loi du 1er avril 1898 et 6, de la même loi.

« Lui donnant, en outre, pouvoir de contester, s'il y a lieu, la validité des opérations électorales par une déclaration d'appel.

« Promettant d'agréer tout ce qui aura été fait en mon nom. »

  Fait à   , *le* (en toutes lettres), *mil neuf cent trois.*

Il est bon de faire légaliser sa signature par le maire de son domicile.

Cette procuration est déposée aux archives de la société pour y avoir recours si besoin est. Comme il serait difficile de reprendre ce document si le mandataire voulait attaquer les opérations du vote, il serait bon de rédiger la procuration en double, de la sorte le fondé de pouvoir se servirait de cette pièce pour la déclaration d'appel de son mandant.

Le mutualiste a 15 jours, après l'élection, pour élever sa contestation sur la validité des opérations. Il n'a d'autres formalités à remplir que sa déclaration au greffe de la justice de paix du siège de la Société.

Le greffier rédige une déclaration comme suit :

« L'an mil neuf cent trois et le
Par devant nous, X..., greffier de la justice de paix du canton de
s'est présenté au greffe de la justice de Paix sise à   le sieur (nom, prénoms, profession et domicile), lequel comparant nous a exposé que l'assemblée générale de la sociéte de   , convoquée et réunie le   a procédé à l'élection de et a élu   . (indiquer les causes de la contestation).

« Que le comparant déclare par ces présentes vouloir contester la validité des opérations électorales qui ont eu lieu le dit jour à l'assemblée générale de la dite Société et vouloir soumettre l'irrégularité de ces élections à la connaissance du juge de paix de   , ce dont il requiert acte.

« Nous avons donné acte au comparant de sa déclaration et avons dressé le présent procès-verbal que nous avons signé avec ledit comparant après lecture.

A   , le   1903.

Cette déclaration reçue, le juge de paix, saisi par le recours de l'électeur, statue dans la quinzaine.

A cet effet, le greffier, au nom du juge, envoie, trois jours à l'avance, à toutes les parties intéressées, un avertissement à comparaître devant lui pour y voir statuer sur l'appel.

Cet avertissement est conçu en ces termes :

« Au nom du Juge de Paix du canton de . . ., le Greffier, vu la déclaration faite au Greffe de la justice de paix dudit canton, le . . ., par laquelle le sieur X... déclare vouloir attaquer la validité des opérations électorales de l'assemblée générale de la société de. . . en date du . . ., désignant . . .

« Invite le sieur . . . à se présenter le. . ., à . . . heures du soir, devant M. le Juge de Paix dudit canton, en son prétoire, sis à . . ., pour voir statuer sur la contestation.

Fait à . . ., le . . .

Le Greffier,

On s'est demandé, à défaut de réglement ou de circulaire relative à la franchise postale, si le Juge de Paix pouvait convoquer directement les parties avec dispense d'affranchissement comme en matière électorale ordinaire.

Certains prétendent que la loi du 1er avril 1898, bien qu'indiquant que le Juge de Paix statue sans frais ni forme de procédure, n'accorde pas pour cela la franchise postale au magistrat cantonal avec les intéressés ; d'autres, au contraire, estiment que le Juge de Paix jouit de la franchise postale pour l'avertissement direct à l'électeur et à l'élu. Nous pensons aussi que le magistrat saisi de la constestation peut avertir directement l'appelant et les intéressés sans affranchir, en visant l'article de loi sur l'enveloppe. Mais, s'il craignait des difficultés de la part de l'administration des postes, qui soient de nature à retarder l'arrivée de la convocation et, par suite, à vicier sa décision, il serait préférable pour lui de transmettre l'avertissement aux intéressés par la voie de la Mairie.

Au jour indiqué, le jugé entend les parties convoquées et rend sa décision en dernier ressort.

L'électeur aussi bien que l'élu peuvent encore déférer à la Cour de cassation la sentence du juge. Ils ont l'un et l'autre pour se pourvoir 10 jours après la notification de la décision.

La requête est rédigée sur papier libre, elle contient d'une façon sommaire, si on le veut, les moyens invoqués à l'appui du recours en cassation, et la partie qui le rédige se réserve d'habitude le droit de l'amplifier et de la développer devant la Cour de cassation. Cette requête, signée par l'électeur, est déposée après son enregistrement, avec une expédition de la décision attaquée, au greffe de la justice de Paix qui a statué. La partie qui exerce son recours joint aussi à ces deux documents toutes les pièces qu'elle juge utile.

La loi n'indique pas la forme de la requête, mais il est évident qu'elle doit contenir l'énonciation, tout au moins sommaire, des moyens de cassation invoqués et l'indication des textes des lois violées.

Dans les dix jours qui suivent son dépôt, la requête est dénoncée aux parties qui ont figuré dans le jugement, à peine de non recevabilité. Cette dénonciation doit être faite par ministère d'huissier.

Le greffier dresse acte de dépôt de la remise de la requête.

La notification est déposée aussi, au même greffe, pour faire partie du dossier transmis, à la Cour de cassation, par les soins du greffier de paix.

Un moyen de se pourvoir contre la décision du juge de Paix et qui a été admis en jurisprudence, consiste à faire sa déclaration de pourvoi au greffe de la justice de paix. La réception d'une telle déclaration a été imposée, en matière électorale, aux greffiers par une circulaire du ministre de la justice, du 26 avril 1849.

Cette déclaration peut être conçue en ces termes.

« L'an mil neuf centtrois et le . . ., au greffe de la Justice de Paix du canton de . . ., devant nous, Greffier de la justice de Paix. a comparu le sieur X (nom, prénoms, profession, domicile), membre de la Société de Secours mutuels de. . ., dont le siège social est à . . ., lequel a déclaré se pourvoir en cassation contre le jugement rendu par M. le Juge de Paix de ce canton, en date du . . ., sur le recours exercé devant lui par . . ., contre la validité des opérations électorales de l'assemblée générale de la société . . ., à la date du . . ., relatives à l'élection de . . ., lequel jugement notifié à . . ., le . . ., a ordonné . . ., contrairement aux prétentions du . . . et en violation des articles . . . de la loi . . .

Lequel comparant se réserve de déduire en temps et lieu ses moyens à l'appui du présent pourvoi dont il a requis acte que nous lui avons octroyé, et après lecture il a signé avec nous, Greffier. »

A . . ., le . . . 190

Cet acte, enregistré gratis et délivré en expédition, est notifié dans les 10 jours aux parties qui ont figuré au jugement. On remet au Greffier l'original de la signification, les mémoires et les autres pièces qui peuvent être toutes sur papier libre. Les extraits de naissance pour établir l'âge de l'électeur sont dispensés de timbre et enregistré gratis (Art. 9, loi du 1er avril 1898). Le bulletin numéro 3 du casier judiciaire est aussi enregistré gratis. (Circulaire du Ministre de la Justice du 13 juin 1901).

Une fois nanti de tous ces documents, le greffier dresse un inventaire en double, envoie un des doubles avec les pièces et garde au greffe l'autre exemplaire. Il a soin d'indiquer qu'elles sont les pièces qui ont été produites au Juge de Paix et celles qui ont été jointes au dossier postérieurement à la décision.

C'est le greffier de la justice de Paix, seul, qui a mission d'adresser au greffier de la Cour de cassation, le dossier du pourvoi.

Voici, à titre d'exemple un inventaire :

JUSTICE DE PAIX
DE . . . .

Contestation en matière électorale de Mutualité

Affaire de M . . . . .

lequel s'est pourvu en cassation contre le jugement du Juge de Paix de . . ., en date du . . ., qui statue sur la validité des opérations électorale de la société de . . . .

INVENTAIRE :

1° Requête en cassation ou mémoire déposé par le demandeur en cassation ;

2° Expédition du pourvoi (s'il a été fait au greffe) ;

3° Acte de dénonciation du pourvoi ;

4° Expédition de la décision attaquée ;

5° Copie de déclaration d'appel ;

6° . . . . . . ⎧ *Les pièces côtées numéros 6*
7° . . . . . . ⎨ *et 7 ont été produites devant le*
            ⎩ *Juge de Paix.*

8° . . . . . . ⎧ *Les pièces côtées numéros 8*
9° . . . . . . ⎨ *et 9 n'ont pas été produites en*
            ⎩ *justice.*

Il faut avoir soin de requérir expressément le greffier de joindre les pièces nouvelles au dossier. Il est important d'annexer au dossier les documents qui sont de nature à justifier les allégations de celui qui fait le pourvoi. Si le pourvoi est fait en vertu d'une procuration, il est bon de joindre cette procuration aux pièces.

Le dossier est adressé en franchise à M. le Greffier en chef de la Cour de cassation à Paris, sous pli portant la mention : Article 6 de la loi du 1er avril 1898.

La chambre civile de la Cour suprême statue directement sur le pourvoi, sans frais ni amende et sans le ministère d'un avocat.

Ch. CORNETTE.